人类奥秘探索小窗口

古墓的惊奇

信自立 著

吉林美术出版社 | 全国百佳图书出版单位

亲爱的小朋友，我们人类是地球上最具智慧的生命，我们应该认清我们自己，因为人类是地球的主人，是万物之灵，是自然发展的高级阶段。

生命现象是我们人类最关心的，因为是关系我们产生、存在与发展的问题。千百年来，人们总是在问我们是从哪儿来的呢？人类又是怎样发展的呢？我们身体的每一个器官组成了我们人体，每一个器官都有不同的功能，同时还蕴藏着许多奥秘。认识我们人体，就是认识我们自己。

我们人类自从产生后，便创造了悠久灿烂的社会历史，但是随着时间慢慢流逝，人类历史也给我们留下了许多未解之谜。特别是史前世界什么样呢？为什么地球上会出现高度发达的史前科技呢？我们地球上出现了许多古老的高度文明的遗迹，包括名胜、古迹、古城、古堡等，这些是怎么形成的呢？

总之，我们人类社会的丰富多彩与无限魅力就在于那许许多多的难解之谜，使我们不得不密切关注和发出疑问。我们总是不断地去认识它、探索它。虽然今天的科学技术日新月异，达到了很高程度，但对于人类无限的奥秘谜团还是难以圆满解答。

为了激励广大小读者认识和探索人类社会的奥妙，开启人类奥秘探索的小窗口，我们根据中外最新研究成果，特别编辑了本套作品，主要包括人类人体、史前文明、历史谜团、名胜古迹、宝藏秘密等奥秘现象、未解之谜和科学探索诸内容，具有很强科学性、前沿性和新奇性。

本套作品知识全面、内容精练、深入浅出，通俗易懂，图文并茂，形象生动，非常适合广大小读者阅读和收藏，其目的是使广大小读者在兴味盎然地领略人类奥秘现象的同时，培养我们的科学兴趣和好奇心理，加深思考，启迪智慧，开阔视野，增加知识，激发我们热爱科学和追求探索的热情。

目录
Contents

曾侯乙墓
Tomb of Marquis Yi of Zeng

谜团重重的西夏王陵

"东方金字塔"西夏王陵

西夏王陵位于宁夏回族自治区银川市西约30千米的贺兰山东麓，是我国现存规模最大、地面遗址最完整的帝王陵园之一。它是西夏王朝的皇家陵寝。1988年，被国务院公布为全国重点文物保护单位、国家重点风景名胜区，被世人誉为"神秘的奇迹"、"东方金字塔"。

西夏是党项族

建立的封建政权，在1038年至1227年的190年中，先后跟北宋、南宋相对峙。根据考古工作者在1927年至1975年对王陵中第八号陵墓发掘所获得的文物资料，结合有关史书中的记载来看，可以知道西夏王国具有严密的政治制度、比较完备的法律和独树一帜的西夏文字，是西北地区一个比较强大的封建王朝。

3世纪，成吉思汗结束了蒙古草原上长期分裂的局面，蒙古迅速兴起并日渐强大，开始对外扩张和掳掠，首当其冲的便是西夏。22年间，蒙古先后6次伐夏，其中成吉思汗4次亲征。

1227年，成吉思汗包围夏都兴庆府达半年，威震四方的成吉思汗虽战无不胜，讨伐西夏却遭西夏人拼死抵抗、陷入苦战之局，蒙古军队付出了极其惨重的代价。经过一番血

8

雨腥风，蒙古大军集中兵力攻下了西夏都城兴庆府，四处抢掠、大肆屠杀，铁骑所到之处，白骨遍野。

经历189年的西夏王朝灭亡了，党项族也从此消失。只有贺兰山下一座座高大的土筑陵台——西夏陵，仍然默默矗立在风雨之中，展示着神秘王朝的昔日辉煌。

西夏王陵的范围东西宽约4000米，南北长约10000米。在这个约40平方千米的陵园里，8座王陵及其附属的70多座陪葬墓，按时代先后，依山势由南向北顺序排列，形成了一个整齐的墓葬群。每座王陵占地约10万平方米，都舍弃贺兰山的石头不用，一律用夯土

筑成。原先都有自己的阙门、碑亭、月城、内城、献殿、内外神墙、角楼等附属建筑。由于年深月久，如今每座陵墓的附属建筑多已毁坏，但是陵墓的主体依旧巍然挺立，向人们显示着西夏王国的历史风貌。

西夏王陵的四大谜团

谜团一：8座西夏王陵为什么没有损坏？

王陵的附属建筑都已毁坏了，但以夯土筑成的王陵主体却巍然独存。根据年代推算，最早的一座王陵距今约900年，最晚的一座也超过

了700年。

有的人认为西夏王陵的平面总体呈纵向长方形布局，主要是夯土实心砖木混合密檐结构。正是西夏王陵通过这种夯土方法和砖木混合密檐结构相结合，创造出我国园陵建筑中别具一格的形式，坚固实用这也就是王陵主体依旧巍然耸立的原因之一。可是，许多砖石结构的建筑已经由于风雨的侵蚀而倾毁倒塌了，更何况是夯土建筑。有人则认为是

王陵周围原有的附属建筑保护了王陵主体，使它免受了风雨的侵袭。可是那些附属建筑有的早已不存，很难说它们起了保护王陵主体的作用。还有人认为王陵在贺兰山东麓，西边的贺兰山就是王陵的一道天然屏障，为它们挡住了西北风的侵袭。可是王陵主体和附属建筑同样都在贺兰山的屏障之下。为什么附属建筑都已毁坏而王陵主体却安然无恙呢？

谜团二：王陵上为什么不长草？贺兰山

东麓是牧草丰美之地，西夏王陵的周围也多是牧民放牧牛羊的好地方，可是唯独陵墓上寸草不生。有人说陵墓是夯土筑成的，既坚硬又光滑，所以不会长草。可是石头比泥土更坚硬，只要稍有裂缝，落下草籽，就能长出草来，陵墓难道连一点儿缝隙也没有吗？

有人说当年建造陵墓时，所有的泥土都是熏蒸过的，失去了使野草得以生长的养分，所以长不出草来。可是熏蒸的作用能持久到将近千年吗？陵墓上难免有随风刮来带有草籽的浮土，这些浮土是未经熏蒸的，为什么也不长草呢？

谜团三：王陵上为什么不落鸟？西北地区人烟比较稀疏，鸟兽比人烟稠密地区相对要多一些，尤其是繁殖力较强的乌鸦和麻雀遍地皆是。乌鸦落在牛羊背上，落在树上和各种

建筑物上，麻雀更是落在一切可以让它们歇脚的地方，可是它们唯独不落在王陵上。有人认为王陵上光秃秃的，没有什么可吃的东西，所以不落鸟类。可是有些光秃秃的石头或枯树枝上，也没有什么可吃的东西，为什么常会落下一大群乌鸦和麻雀呢？难道鸟类也知道封建帝王具有权威而不敢随便冒犯吗？

谜团四：西夏王陵的布局有些令人不解。

王陵按照时间顺序或者说帝王的辈分由南向北排列，但是每座王陵的具体位置的安排似乎又在体现着什么事先设计好了的规划。如果从高空俯视，好像是组成了一个什么图形。

有人说那可能是根据八卦图形定的方位，也有人说那是根据风水安排的。可是最早一个国王的逝世到最后一个国王的逝世，时间相差近200年，怎能按照八卦来定方位呢？事先谁能估计到西夏王国要传8代王位呢？

再说，西夏是党项人建立的政权，党项是古羌族的一支，难道他们也崇拜八卦和相信风水吗？总之，无论是考古专家还是历史学者，都难以解释王陵的格局呈八卦图形的缘由，这其中蕴含那些秘密，一直都是难以被今人识破的秘密。

曾侯乙墓之谜
zēng hóu yǐ mù zhī mí

神奇墓葬被发现
shén qí mù zàng bèi fā xiàn

1977年9月底，湖北省随州市曾都区城郊擂鼓墩驻军，原武汉军区空军后勤雷达修理所进行扩建营房。

在一天上午，随州市曾都区南郊擂鼓墩7组的20多位村民和往常一样挖土。挖着挖着，有个民工在离地面约两三米深的地方，忽然发现了20余件青铜器。

曾侯乙墓
Tomb of Marquis Yi of Zeng

　　这些青铜器，有的像罐子，上面有盖；有的像香炉，带3只脚；有的是长方形样子，带4只脚；还有的如灯座形状，带有箭头。大的几千克重，小的只有几十克重。因为土质较松，他挖得很是小心，所以这些青铜器出土时基本上都完好无损。

　　收工后，这个民工把自己的棉布褂子脱下来，将挖出来的东西分两大包包好，准备背回去。

由于两包东西又大又沉，很是惹眼，被部队的监工看见了，忙叫他将东西放下来检查。监工看了看，见不是部队的东西也没有说些什么。

就这样，这个民工把东西背回了家，放在院子里，叫家人看着，说不要让别人给拿走了。当时，这个民工自己也不知道这是些什么玩意儿。但是，消息不胫而走，一些乡邻纷

纷跑到他家来看稀奇。后来，这个民工意识到这些都是文物，应该上交国家。于是，他就把这些

青铜器全部交给了部队的同志带走了。

后来，在东团坡山冈上开山平地时，突然挖出一片同地面颜色大相径庭的"褐土"。空军后勤雷达修理所副所长解德敏爱好考古，凭直觉他猛然意识到，出现如此大面积的异常土层，可能地下有古墓。于是，他立即向当时的随县县委汇报了情况。

同年3月，接到报告的湖北省博物馆考古队队长谭维四，迅速率领勘察组赴随州实地勘测。有了初步的勘测结果，立即向国家文

wù jú zuò le huì bào　　　　nián yuè　　Jīng guó jiā wén wù jú pī

物局作了汇报。1978年5月，经国家文物局批

zhǔn　zài hú běi shěng wén huà tīng de zhǔ chí xià zhèng shì duì zēng hóu yǐ

准，在湖北省文化厅的主持下正式对曾侯乙

gǔ mù jìn xíng le fā jué

古墓进行了发掘。

qí miào yuè qì de mí gōng

奇妙乐器的迷宫

　　　　　　nián yuè zhì yuè jiān　　kǎo gǔ rén yuán chù mō dào dì

　　1978年5月至6月间，考古人员触摸到第

yí gè wén zì zhèng míng de shí hou　　shén mì dà mù de zhǔ ren fú chū

一个文字证明的时候，神秘大墓的主人浮出

shuǐ miàn　tā jiù shì gǔ zēng guó de guó jūn　zēng hóu yǐ

水面，他就是古曾国的国君—曾侯乙。

　　　　　　nián yuè rì wǔ fàn shí fēn　　zēng hóu yǐ mù fā jué

　　1978年5月23日午饭时分，曾侯乙墓发掘

现场，抽水机还在抽取墓穴里的积水。当积水终于排干，墓葬中室的景象立刻吸引了所有人的目光。65个青铜的编钟整齐地挂在木头的钟架上，仿佛刚刚被埋入地下。

2400多年来，它一直稳稳地站立在原地。这是世界考古史上绝无仅有的一幕，也是擂鼓墩古墓出土的最瑰丽的珍宝。编钟沿中室的西壁和南壁呈曲尺形立放，总长度超过10米。

如果说实物乐器可以使我们清晰地知道古代乐器的真实面貌，那么这些沉睡了2400多年的乐器能否发出声音？即使能发

出声音，是否还是2400余年前的那个原音呢？

曾侯乙墓中"交响乐团"使用的整套编钟，经过音乐工作者的研究和试验性演奏，证明它虽在地下埋藏了2400多年，音乐性能不仅依然保存，而且仍然很好，音色优美，音域很广。出土的编钟，真可谓我国古代音乐艺术的瑰宝，是华夏之邦优秀的民族音乐财富。

神秘的曾侯乙

曾侯乙，姓姬名乙，生卒年不详。据考古发掘推定，大约生于公元前475年，卒于公元前433年，现有文献资料鲜见其生平记载，是

战国时期南方曾国的国君。

对曾侯乙墓葬发掘时，出土了大量珍贵文物，这些文物的文字材料说明，曾侯乙是一位名乙的曾国诸侯王。周朝在随国、曾国都封有同姓诸侯。

1979年，在随州市郊义地岗季氏梁一座春秋中期的墓葬出土两件铭文铜戈，器主季怡为曾国公族、曾穆侯之子西宫的后人。铭文中季怡自称"周王孙"，证明曾侯本是周王的宗支。

据此推断，曾国为姬姓封国，作为其国君的曾侯乙与周天子同姓毋庸置疑，故曾侯乙也可称为"姬乙"。

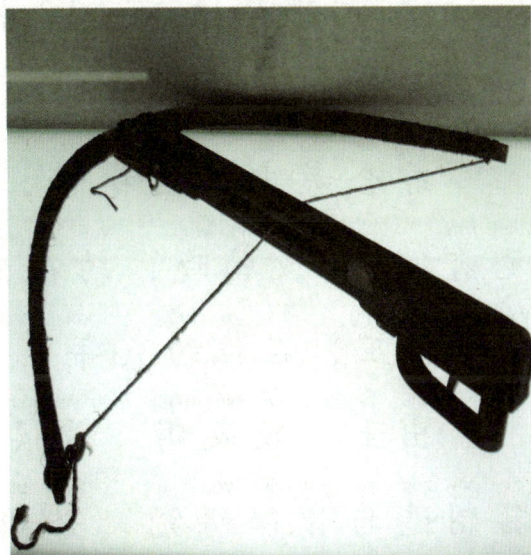

值得注意的是，历史文献很少有对曾国的记载，常用随来指代它，如"江东之国，随为大"。

据猜测，随可能是曾国重要的城市，如国都之类。历史上，这种用都城指代国家的例子也不罕见。

从楚惠王送给他的一件青铜镈上的31字铭文看，曾侯乙死于公元前433年或稍晚，通过对其尸骸的碳-14测定，可以推定曾侯乙的死亡年代在公元前433年至公元前400年之间，他死时年龄在42至45岁之间。

综合考虑其他材料，曾侯乙应当生于公元前475年或稍晚，约在公元前463年前后成为诸侯王，在位约30年。

出土文物表明，曾侯乙生前非常重视乐器制造与音律研究，兴趣广泛，同时还是擅

cháng chē zhàn de jūn shì jiā
长车战的军事家。

zēng hóu yǐ de zhēn shí
曾侯乙的真实

xíng xiàng rén men yǐ jīng wú cóng
形象人们已经无从

zhī dào le　　dàn chuán shuō zēng
知道了，但传说曾

hóu yǐ zhǎng de xiàng mào píng
侯乙长得相貌平

píng　　shēn cái yě bù gāo
平，身材也不高，

zhǐ yǒu　　mǐ zuǒ yòu　　dàn
只有1.6米左右。但

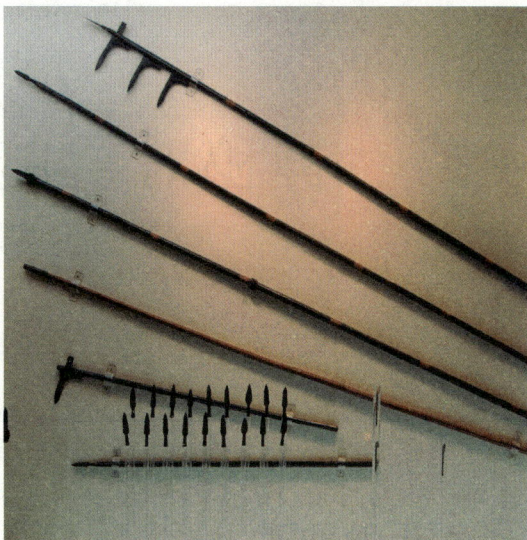

tā fēi cháng yǒu lì qi　　bìng qiě shì yǒu míng de shén jiàn shǒu
他非常有力气，并且是有名的神箭手。

mín jiān liú chuán zēng hóu yǐ yí cì qù jiāo wài dǎ liè　　wú yì
民间流传曾侯乙一次去郊外打猎，无意

zhōng yù dào yì tóu yě zhū　　huāng luàn zhōng tā suí shǒu cóng jiàn dài zhōng
中遇到一头野猪，慌乱中他随手从箭袋中

ná chū yì zhī jiàn shè chu qu　　yě zhū yìng shēng dǎo dì　　dāng suí cóng
拿出一支箭射出去，野猪应声倒地，当随从

qù bān yùn yě zhū shí　　cái fā xiàn yuán lái zēng hóu yǐ wù bǎ yì zhī dào
去搬运野猪时，才发现原来曾侯乙误把一支稻

gǎn dāng jiàn shè chu qu le　　kě jiàn qí lì qi zhī dà
秆当箭射出去了，可见其力气之大。

神秘难寻的赵佗墓

赵佗开创 "南越国"

赵佗是秦朝的著名将领，也是西汉时期的南越国的开国之王。公元前219年，被封副帅随主帅任嚣率领50万大军征战岭南。公元前204年，创立南越国，自号"南越武王"。公元前195年，汉高祖正式分封他为南越王。

吕后时期，汉越矛盾激化，吕后发兵南下攻打南越。他发兵抵抗，并反攻到湖南一带。最后，即位称帝，号为"武帝"。

开国之始，他奉行"和集百越"的民族政策，尊重越人的风俗，鼓励汉、越杂处，任用越人首领。他重视传入中原汉文化和先进生产技术，并融合越地社会，使岭南生产发展，人民安居乐业。从任嚣、赵佗开始，岭

nán yǒu le rén lèi wén míng de biāo zhì　chéng bǎo hé wén zì　fā zhǎn
南有了人类文明的标志—城堡和文字，发展

yě tiě yè　shè huì jīng jì fā zhǎn jìn rù le xīn de lì shǐ shí qī
冶铁业，社会经济发展进入了新的历史时期。

shén mì nán xún de zhào tuó mù
神秘难寻的赵佗墓

zài nán yuè guó jìn bǎi nián de lì shǐ zhōng　zhào tuó běn rén jiù
在南越国近百年的历史中，赵佗本人就

zài wèi　nián　tā jìn bǎi suì shí cái shì shì　sǐ hòu bèi ān zàng zài
在位67年。他近百岁时才逝世，死后被安葬在

nán yuè guó de guó dū fān yú　jù yǒu guān shǐ liào jì zǎi　zhào tuó zài
南越国的国都番禺。据有关史料记载，赵佗在

shì shí sōu guā le dà liàng qí zhēn yì bǎo　sǐ hòu yòu jiāng tā men dōu dài
世时搜刮了大量奇珍异宝，死后又将它们都带

rù le fén mù　ér qiě　tā zài shì shí　jiù duì zì jǐ de hòu shì
入了坟墓。而且，他在世时，就对自己的后事

zuò le zhěn mì de ān pái　suǒ
做了缜密的安排。所

yǐ　tā de mù cáng shì yí gè
以，他的墓藏是一个

jí dà de mì mì
极大的秘密。

tā méi yǒu suí dāng shí de
他没有随当时的

xí sú shǐ zì jǐ de líng mù wài
习俗使自己的陵墓外

guān xióng wěi xiǎn hè　ér shì
观雄伟显赫，而是

lì yòng shān shì àn zào dì xué
利用山势暗造地穴，

zài dì miàn shang méi yǒu liú xià
在地面上没有留下

丝毫痕迹。为避免被掘坟盗墓而做到万无一失，他还大设疑冢。甚至连他的死后出葬都做了精心布置，灵柩车从四门而出。至于入土地点，在当时就是个高度机密，几乎没有人知道他的墓在哪儿。这样后人就很难找到他的墓。

传世的各种史料对他的陵墓的位置的记载大多来自推测，所以各不相同。明代《广东通志》中说："赵佗墓在县东北八里"，又说："在禹山"；《南越志》中记载："赵佗墓就在自鸡笼岗起至广州附近的连冈

山岭之地"；晋代的《广州记》中却又说："赵佗墓在城北，墓后有马鞍岗"；在各个时期的地方志中，有的说它在白云山上，有的写它在越秀山下，真是众说纷纭，使人无所适从。

由于赵佗墓的考古价值甚高，加上巨大的奇珍异宝墓藏的吸引，从东汉末的三国时候起，2000多年来一直有无数的人倾力于寻找赵佗墓。史料中记载："三国时的东吴之

主孙权，就曾派吕瑜带领着几千兵卒访掘赵佗墓，想要找到巨额珍宝。他们在岭南凿山破石，掘地三尺，几乎挖遍了广州附近的大小岗岭，最终都一无所获。"

发现赵佗儿孙的陵墓

不过，也有史料记载："孙权当时并非一无所获，他的手下找到了赵佗之孙，直越明王赵婴齐之墓。从中获得了珠襦玉匣3个、金印36枚，还有一枚皇帝信玺，和一枚皇帝行玺以及私印3枚，还出土了3把铜剑，就是著名的钝钩、干将和莫邪剑。它们都装在杂玉制成的剑匣内。"只是由于年代久远，这些文物后来又去向何方，已经无法查寻。所以，也不知此记载的真伪。

1983年，我国考古工作者在广州象岗发掘出了南越国第二代王赵眜的陵墓，墓中出

31

土了3枚金印，其中一枚象征着权力威望的龙钮"文帝行玺"，重达1485克，印钮是一条传神生动的游龙。它是目前所见最大的一枚西汉金印。而赵眜下葬时也身穿"丝缕玉衣"，是用丝带把2291多片玉片编织到一起制成的。这和婴齐墓中，"珠襦玉匣3具，金印36枚"等记载十分相似，可见古人所言不虚。

可是，历代的寻墓人已经踏遍了广州附近的白云山、鸡笼岗、马鞍岗等无数山冈，赵佗墓仍然深藏地下不为世人所识。

没有尸主的埃及金字塔
méi yǒu shī zhǔ de āi jí jīn zì tǎ

金字塔是法老的坟墓吗
jīn zì tǎ shì fǎ lǎo de fén mù ma

在古希腊作家希罗多德的笔下，胡夫是埃及的一个法老，他非常残忍，当他花完他所有的财富时，就命令他的女儿到妓院去为他挣钱。忠诚的女儿只好照办。但是，她同时

33

向每一个她侍奉的男人要了一块石头作为礼物，因为她希望除了这些男人外，她还能为后人留下点别的以便为人记住。

用这些石头，她建造了一个巨大的金字塔，该塔现在仍然坐落在尼罗河附近的吉萨高原上。

一些中世纪的作家相信，在埃及粮食充裕时期，金字塔曾经被用来储藏谷物。

近来，金字塔被人描述为日晷仪和日历、

天文观测台、测量工具以及天外宇宙飞船的降落点。

但是人们一般认为金字塔是法老们的坟墓，大部分享有声望的埃及学家也相信这一理论，而且他们的理由很充分。金字塔散布于尼罗河的西岸，根据埃及神话，这里与日落以及通往来世的路途都相通。

考古学家们在附近发现了葬礼仪式使用的小船，据说，法老们正是乘这些船驶往来世

的。而且金字塔周围环绕着一些可能属于法老宫廷成员的其他坟墓。

探寻金字塔尸主

大部分人认为许多金字塔内有石棺或木棺。19世纪之前，考古学家在石棺上或在石棺附近发现了一些神秘图画，它被认为是用来帮助法老们从一个世界通往另一个世界的咒语：某些宗教子弟念的符咒。然而，坟墓理论

缺乏一个最主要的证据，即法老们的尸体。

在19世纪和20世纪早期，探索者们和考古学家们进入了一个又一个的金字塔。

倘若他们发现

有看似胡夫棺木的东西，他们就会屏息打开，但是他们每一次发现木棺总是空的。

对于空坟墓最广泛的解释是金字塔遭到了洗劫。其实，大部分盗墓者对法老们的财宝比对他们的尸体更感兴趣，所以他们当然也不可能花时间确保法老们的尸首被妥善保存。他们也不可能留下任何被纯金覆盖的木乃伊。

从盗墓者为搞乱坟墓所做的刻意努力来判断，最早的盗墓者很可能是古代埃及人自己。

例如，在阿蒙海特三世的金字塔中，塔的入口通往一个小的空室，这个空室把人们引向一个没有出口的狭窄通道。

通道的顶端是一块重22吨多的巨石，把巨石往两边推滑，一个往上的通道就会显现出来，这个通道同样好像没有出口。一面墙

上有一个隐藏着的砖门通向第三个通道，然后在通道的顶部又有两块可以滑动的巨石，接着才到达前厅，最后是法老的埋葬室。

然而，所有这一切努力都是徒劳无功，都不可能阻挡住盗墓者。

他们的决心不仅使考古学家，而且使后来的寻宝者，像9世纪时阿拉伯的统治者阿卜杜拉·阿尔·玛穆恩感到气馁。阿卜杜拉留下了一份在他看来是首次进入胡夫金字塔的探宝经过的详细报告。

阿卜杜拉在带领队员们经过了一系列伪装的通道和堵塞的入口之后，他最终到达了埋葬室，

在那里，除了一个空的石棺之外，他什么都没有发现。

在拿破仑征服埃及之后，到达埃及的欧洲探险者们对石头上的雕刻比对珠宝更感兴趣，但是相对于埃及和阿拉伯的先行者，他们对法老纪念碑少许表示了几分尊敬。

1818年，曾经在马戏团待过的健壮的探险者乔维尼·贝尔兹尼用夯锤打通了胡夫之

子胡弗雷的金字塔墙壁。贝尔兹尼当时正忙于为即将在伦敦举办的展览而收集展品，他在看似埋葬室的地方花了很长时间寻找法老的尸体。

他发现的唯一骨

头是一头公牛骨，可能是某些偷走法老尸体的早期盗墓者扔在石棺室中的。

探寻 中的意外发现

对财宝和尸体的探寻在1923年有了回报。这一年，英国考古学家霍华德·卡特发掘到图坦卡蒙的坟墓。

在墓中，卡特找到了许多华丽、完整的财宝，正因为如此，"图坦国王"很可能是现在人们最熟知的法老。

财宝中包括一个金棺和法老尸体上放着的一个金面具。这次的发现对于金字塔尸主的研究并没有重大意义，因为图坦卡蒙没有埋在金字塔里。

他的坟墓可能被分散在国王山谷中的岩石里。更让考古学家们感到不安的是之前的一些考古学家的相继离奇死亡。

1925年，也就是在图坦卡蒙墓被发现两年之后，乔治·安德鲁·赖斯纳带领一队美国考古学家在胡夫大金字塔脚下考察。一位摄影者在试图放置照相机三脚架时，碰巧擦掉了堵在一块隐藏于岩石中的裂缝上的灰泥，露出了一个30多米深的井状通道，该通道从顶部到底部都用砖石砌成。他们花了两周时间才到达通道的底部。

在那个墓里，赖斯纳发现了胡夫母亲赫特菲尔斯王后的棺材。由于坟墓隐藏得如此完好，赖斯纳希望能够发现一个完整的墓葬，但是石棺是空的。

当从失望中醒悟过来之后，考古学家们才注意到埋葬室的墙壁上有一块泥灰区，在它的后面，他们找到了一个小匣子。匣子里面装着经过防腐处理的王后的内脏。

赖斯纳猜测王后也许曾经被葬在别处，在盗墓者为了获取包裹于其下的珠宝而搬动她的尸体后，她的残骸可能是被重新埋葬在她丈夫和儿子附近。

希望之火的熄灭

1951年，在金字塔中找到一个完整墓葬的希望重新被点燃。这一年，在吉萨南面大约6000米处一个名叫撒卡拉的地方，一位埃及的学者扎卡赖亚·戈奈姆发掘了一个以前未

知的金字塔废墟。这个金字塔以前从未被注意过，因为它的建造者们从未使它的高度超过地基之上，这使得它后来被撒哈拉沙漠所掩盖。

戈奈姆在开始的时候以为一个未完工的金字塔不可能有多重大的意义，更不用说找到法老的遗骸了。

但是当他沿着一个低浅的沟壕通往一个隧道时，他的期望突然升高。

当他挖通了三堵石墙后，他变得相当激动：如果盗墓者曾光顾过的话，那么他们在出来后不会重新把墓封闭好。在金字塔中发现的珠宝似乎进一步表明这里是一个盗墓者从未光顾过的坟墓。

戈奈姆到达埋葬室之后，经过确认那是一位鲜为人知的法老塞克赫姆克赫特的坟墓。当戈奈姆看见一个金棺时，他和他的同事们激动得又哭又跳，并且相互拥抱在一起。几天后，当着一群学者和记者的面，戈奈姆下令打开棺材。让所有在场人震惊的是棺材是空的。

金字塔里的神秘通道

石板后面的未知世界

早在2002年，"金字塔漫游者"在该通道试验行走过程中就曾失败过：当时机器人行走到石门前，突然发现有个断裂层形成了一个斜坡，"金字塔漫游者"尝试了几次都未能爬过去。另外，摄像头如何能在各种情况下正常工作也是个难题，所以这次"漫游者"特地配备了4至5个摄像头，多个光源，以形成立体

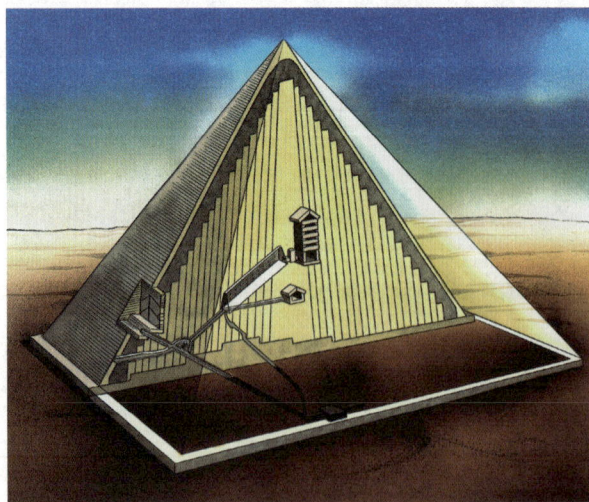

46

的光线背景，这样可以确保传回来的画面更为稳定和富有现场感。机器人把摄像探头伸进打通的洞中，石板后面的世界出现了。

一个狭小的空间，里面空空如也，却把神秘继续遗留下来了—另一堵石门堵住了通道，但它有缝隙。这是又一扇门，不是死胡同，人们的好奇在直播结束后有增无减。哈瓦斯博士事后大胆地发表了他的猜测："我们看到了另一扇封闭

的门，它看起来似乎封存了一些东西，一些非常重要的东西还藏在后面。"

石墙后面的神秘地道

著名的埃及吉萨高地占地约50平方千米。几千年来，它一直以众多的金字塔、狮身人面雕像和多处古庙宇的残垣让人们叹为观止。来自世界各地的考古学家还不断有新的发现。据俄罗斯《总结》周刊2003年第四十二期报道：一个国际考古小组在埃及金字塔下面发现一个迄今为止尚未被人发现的庞大地下

建筑群，这个发现在世界上引起了轰动。考古学家们认为，金字塔地下的地道网有可能伸展到好几十千米开外。

事情经过是这样的：一名埃及考古队员在发掘一座陵墓时，无意中往墙上一靠，石墙随即坍塌，人们便发现一条不知有多深的地道。因为科学家们都知道，金字塔周围是个大坟场，这里埋有法老们的近亲和忠臣，因此得出结论，整个吉萨高地的下面都可能穿透了地道。现在，当地和外国的考古学家正在忙于绘制金字塔下面地道的地图，既在地面上开展工作，也求

助于空中摄影。人们都坚信，通过对地道的研究，可能进一步揭开吉萨地区众多金字塔的秘密。

石墙后面的秘密通道

2004年，来自巴黎的考古学家贾克斯·巴德特和佛郎西·达曼向新闻界宣布，经过12年的证据收集和分析，他们最终确定，秘密通道可能藏在大金字塔无数石墙的后面。

他们对一系列线索进行分析后终于断

定，大金字塔中可能存在未发掘的密室。巴德特和达曼向媒体透露，他们计划向大金字塔所在地政府详细展示这个惊世发现。他们说，研究表明金字塔内许多走廊墙壁的结合处都是为掩人耳目所设的"烟幕"。分析大量照片后，这两位法国专家发现，金字塔内部石块上存在一种特殊标志，这种标志在历史上所起作用就是标示进入金字塔内部。他们坚信，这个发现表明附近存在尚未发掘的密室或房间。

还有其他一些辅助证据表明，金字塔内可能存在密室。扎哈·哈瓦斯是埃及首席考古学家，他说，他对法国人的研究一无所知，并且对大金字塔的秘密通道"毫无概念"。

金字塔与外星人

jīn zì tǎ yǔ wài xīng rén

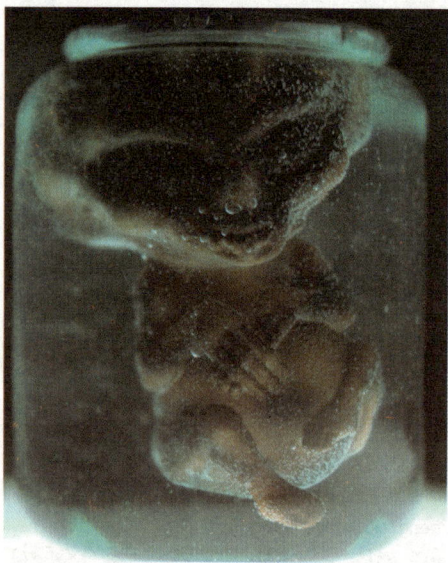

在全世界研究金字塔的浪潮中，真是一谜未解，一谜又起。正因为如此，关于金字塔到底是谁建造的，是不是有外星人，也成了一个千古之谜。

金字塔里的冰封生物

jīn zì tǎ lǐ de bīng fēng shēng wù

考古学家保罗·加柏博士在埃及金字塔进行内部设计技术研究时，发现塔内密室中藏有一具冰封的物体，探测仪器显示物体内有心跳频率及血压，相信它已存在5000多年了。

科学家们认为，冰封底下是一具仍有生命力的生物。

据在该塔内同时发现的一卷象形文字记载，公元前5000年有一辆被称为"飞天马车"的东西撞向开罗附近，并有一名生还者。卷中称这位生还者为"设计师"，因而考古学家们相信冰封生物就是金字塔的设计和建造者，金字塔是作为通知外太空同类前来救援的标志。但令人不解的是：那冰封生物如何

制造一个如此稳固和不会溶解的冰格，而把自己藏身其中呢？

金字塔里的外星画像

科学家们还在古埃及3000多年前金字塔的壁画上面，发现一个外星球人的太空模样的画像。

这个金字塔的发掘人伊沙杜拉博士指出，太空船的形状犹如一个倒转的碟，这证明3000多年前外星人就跟古埃及人有了接触。

54

古墓里的电视机

一位著名的考古学家威夏劳·勒如博士宣布：他在埃及尼罗河畔一座从未有人发掘的古墓中竟然发现一台完好无损的类似彩色电视机的仪器。

这台仪器与时下流行的彩电有较大区别，它只有一条线路，只能接收一个电视台的节目。它有4个三角形的荧光屏，屏的四周都镀了黄金。它的机件是目前最先进的钛金制造的，质地极为坚固。

该机已不能正常工作，虽然经历4200多年，它的太阳能电池作为动力仍能正常操作。

由于古埃及人既没有制作电视机的材料，也不可能具有高精度的工艺水平，因此，专家们认为它极可能是外星人送来的礼物。

电子工程师里察·纳花了近一个月的时间细致地检查了这台电视机，并查清了它的线路和工作原理。他准备用当前最先进的技术复制出一台同样的彩电来，以试验它是否能接收到另一个星球的电视信号。

金字塔里的电灯

在古埃及的金字塔建筑群中，规模最大的一座是奇阿普斯金字塔，它的内部结构极为复杂和神奇，并饰以雕刻、绘画等艺术品。

由于墓室和甬道里十分黑暗，这些精致的艺术作品需要光亮才可能进行雕刻、绘画。

当时如果真的是使用火炬或油灯，就必然留下一些"用火"的痕迹。

可是，现代科学家对墓室和甬道里积存了4600多年之久的灰尘进行了全面仔细的科学化验和分析，结果证明没有发现一丝一毫使

用过火炬或油灯的痕迹。

由此可见，古埃及艺术家在胡夫金字塔地下墓室和甬道里雕刻、绘制壁画时，根本不是使用火炬或油灯来照明，而很可能是利用某种特殊的蓄电池或者其他能够发光亮的电气装置。

令考古学家和历史学家们惊奇的是：距今4600多年前的古埃及人真的知道现代电灯之谜的秘密吗？会不会是外星人带来的呢？这些问题还需要更多的证据来回答，相信有一天会找到答案的。

亚曼拉公主的无穷魔力

厄运的开始

早在3000多年前的埃及，有一位叫亚曼拉的公主去世之后，其遗体按照古埃及习俗被制成了木乃伊，葬在尼罗河旁的一座墓室之中。1890年末，4位英国年轻人来到埃及，当地的走私犯子向他们兜售一具古埃及棺木，棺木中就是这位亚曼拉公主的木乃伊。

4位英国人经过一番商量，决定由其中最有钱的那个人以数千英镑的高价买下这具木乃伊。从此，这位在古埃及历史上默默无闻的公主便给许多人带来了一连串离奇可怕的厄运。

买下木乃伊的那位英国人将棺木带回旅馆。几个小时后，这位买主竟然无缘无故地离开了饭店，走进附近的沙漠，从此消失了踪影，再也没有回来。第二天，他的一位同伴在埃及街头遭到枪击，最后不得不将手臂切除。剩下的两个人也都先后遭到了厄运。其中一人回国后无缘无故地破产；另外一人则生了重病，最后沦落在街头贩卖火柴。

厄运的蔓延
è yùn de màn yán

这具神秘的木乃
伊后来还是被运回了
英国，沿途依旧怪事
不断。运到英国本土
后，一位钟爱古埃
及文化的富商买下
了这具木乃伊。不久
后，富商有3位家人
在一场离奇的车祸中受了重伤，豪宅也惨
遭火灾。在经历这样的变故之后，这位富商
只好将这具木乃伊捐给了大英博物馆。
亚曼拉公主的魔力还没进大英博物馆便
已经开始出现征兆。在载运木乃伊入馆的过
程中，载货卡车失去控制撞伤了一名无辜的
路人。然后，两名运货工人将公主的棺木抬

60

入博物馆时，在楼梯间棺木失手掉落，压伤了其中一个工人的脚，而另外一个工人则在身体完全健康的情况下，两天后无故死亡。

亚曼拉公主的棺木后来被安置在大英博物馆的埃及陈列馆中。在陈列期间，夜间的守卫报告说，常常在她的棺木附近听见敲击声和哭泣声。更有甚者，连陈列室中的其他古物也常发出怪声。不久之后，一名守卫在执勤时死去，吓得其他守卫打算集体辞职。

因为怪事层出不穷，最后大英博物馆决定将木乃伊放入地下贮藏室。然而一个星期还没过完，决定将木乃伊送入地下室的博物馆主管又无缘无故地送了命。有一位报社的摄影记者特地深入地下室，为这具木乃伊拍照，结果却在其中一张照片上洗出了可怕的人脸。第二天，这名摄影记者被发现在自己家中开枪

自杀了。

不久以后，大英博物馆将这具木乃伊送给了一位收藏家，这位收藏家当即请了当时欧洲最有名的巫婆拉瓦茨基夫人为这具木乃伊驱邪。经过了繁杂的驱邪仪式后，拉瓦茨基夫人宣布这具木乃伊上有着"大量惊人的邪恶能量"，并且表示要为这具木乃伊驱邪是不可能的事。最后，拉瓦茨基夫人给这位收藏家提出忠告：尽快将它脱手处理掉。

厄运的沉没

当时已经没有任何博物馆愿意接受亚曼拉公主的木乃伊了，然而，一位不信邪的美国考古学家仍然花了一笔可观的费用将她买下，并且打算将她安置在纽约市。

1912年4月，这位亚曼拉公主的新主人亲自护送她，将她运上一艘当时轰动造船界的

巨轮。为了慎重起见，他还将她安置在船长室附近，希望她能安安稳稳地抵达纽约。

　　亚曼拉公主最后登上的这艘船就是现在妇孺皆知的"泰坦尼克号"。难道正是这未驱散的邪恶祸及这艘"不沉之船"，葬送了1000余条人命？这其中的真假，世人一时难下结论。

金字塔的众多谜团

匪夷所思的建筑工程

埃及金字塔散布在尼罗河下游的西岸，大约有80多座。它们是古代埃及法老的陵墓。埃及人叫它"庇里穆斯"，意思"高"。因为从四面望去，它都是上小下大的等腰三角形，

很像中文"金"字，所以，人们就形象地称它为"金字塔"。

第四王朝法老胡夫的陵墓是最大的金字塔。它大约建造于公

元前2700多年。其建筑用石如果用载重7吨的卡车来装载，需要97.8万辆，如果把这些卡车一辆接一辆连接起来，总长度是6200千米。

哈佛拉金字塔是第二大金字塔，塔旁雄踞着一尊巨大的人面狮身像。据说，公元前2610年，埃及第四王朝的第三位法老哈佛拉，巡视了自己的快要竣工的陵墓，发现采石场还有一块弃置的巨石，于是就命令石匠，

按照自己的脸型雕刻了这座石像。

1798年，拿破仑占领埃及时，曾下令用重炮轰击狮身像，结果只轰断了几根胡须。拿破仑曾估算，如果把胡夫、哈佛拉、孟考夫拉三座相邻的金字塔的石块集中，可以砌成一道高3米，厚1米的石墙，把整个法国全圈围起来。

可是这么多的石块从哪里采的呢？据考证，一般石料可能是就近取材。而用于外层的上等白石灰石，则取之于尼罗河东岸的穆卡塔姆采石场。内部墓室的花岗岩，则取之于800多千米外的阿斯旺。采石、运输、下河、上岸，不仅需要大批的运输人力，还需要一批相当规模的工程师、施工员和管理人员，加上一支有足够的镇压能力的军队。而且他们的吃穿住，又要有一支庞大的服务

人员。据估计，支持这样浩繁的建筑工程需要5000万人口的国力，而一般认为，公元前3000年左右全世界的总人口也不会超过2000万人。何况，已经发现的金字塔有80座之多，即使像希罗多德在《历史》中所说的，30年完成一座，总计也需2400年，埃及能承受得了这样长久的消耗吗？

巨石的运输之谜

最令人匪夷所思的是运输问题。因为那时的埃及没有马和车，马和车是公元前16世纪，也就是胡夫大金字塔建成后的1000年，才从国外引进的。所以即使有足够的人力，也无法把这2.5吨至160吨的巨石运送到工地。

有人认为是用撬板圆木棍运法。但是这种方法需要消耗大量的木材，而当时埃及的主要树木是棕榈，无论是数量、生长速度，

还是木质硬度，都远远不能满足运输的需要，而进口木材几乎是不可能的。

有人认为是水运法。1980年，埃及吉萨古迹督察长哈瓦斯进行岩心取样，挖到30多米深时，发现了一个至少15米深的岩壁，这可能是埃及第四王朝时开凿的港口。后来，又发现了连通港口的水道。但是，没有滑轮、绞车等起重设备，把这些巨型石块搬上卸下，而且水面和岩岸至少有15米以上的落差，这比

陆地撬运还难。

陆运和水运都不行，难道他们空运不成？法国工业化学家从化学和微观的角度对金字塔进行了研究，他认为，这些石块并不是浑然一体的，而是石灰、岩石、贝壳等物质的黏合物。因为使用的黏合剂有很强的凝固力，所以人们几乎无法分辨出它到底是天然石块，还是人工石块。这似乎可以恰当地解决运

输困难的问题。但是这种杰出的黏合剂，不仅在古籍中没有记载，而且，这位化学家用了现代化的手段，也还

没有分析出来。因此，运输问题，依然是一个不解之谜。

神秘的建筑方法

据说金字塔的设计师和建筑师是历史上的第一个超越时代的天才伊姆·荷太普。他们在没有水平仪，没有动力设备，没有现代化测量手段的情况下，把一块巨大的凸形岩石平整成为52900平方米的塔基，完成了塔基的勘测和施工。这让我们感到非常的惊讶和疑惑。为了确保金字塔万古长存设计者还不用

一根木料，不用一颗铁钉，因为，木质易腐，铁质易锈，都是坚固的隐患。石块与石块之间没有任何粘接物，然而却拼合得天衣无缝，甚至连最薄最薄的刀片也插不进去。

怎样把石块一层层垒上去，更是一个引人猜想的神秘课题。

有人说是运用一种木制船形工具，利用杠杆原理，将巨石逐步举高，一层一层垒砌而成。但是，能吊起几吨、几十吨乃至100多吨

的支架、绳索从何而来？

有人说是运用填沙法，沿着塔基填沙，沙随着塔基升高，充当脚手架，塔成之后，清除沙子。埃及金字塔是一个下方上尖的方锥体，高146米，塔基呈正方形，边长230米。如果在它的外围围填沙子，形成一个可以运送石块的斜坡，斜坡的角度为30或25度，如果它们的高度也是146米，那需要多少沙子啊！可是这样多的沙子从哪里来？而且，先填后毁运输量还要增加一倍。

有人说是运用填盐法。方法同上用后，只需用水将之溶解，无需搬走，

但是，这么多的盐比沙子更不易得。何况，一场暴雨，就会溶掉整个盐坡。有人认为是运用尼罗河泥砖砌成盘旋斜道，逐层止升，其结果与沙坡相近，只是，泥砖比沙子更不容易取得罢了。

塔北距地面13米处有一个入口，然而塔内有迷宫一般的通道和墓室。墙壁光滑，饰有浮雕。通道有整齐的台阶，脉络一样地向墓室延伸，直至很深很深的地下。墓室另有通气孔通到塔外。

据说死者的"灵魂"可以从这些小孔里自由出入。奇怪的是，这两条气孔，一条对准天龙座，一条对准猎户座。这样的墓室已发现三个，而考古学家认为，至少还有4个未被发现，这样精巧的设计和构思，4000年前的古人能完成吗？

zuì lìng rén gǎn dào qí guài de shì　kǎo gǔ xué jiā dòng yòng xiàn
最令人感到奇怪的是，考古学家动用现

dài huà de yí qì fēn xī le jī cún　nián zhī jiǔ de huī chén
代化的仪器分析了积存4600年之久的灰尘，

méi yǒu zhǎo dào zhū sī mǎ jì　nà me　tā men yòng shén me zhào míng
没有找到蛛丝马迹。那么，他们用什么照明

gōng jù jìn xíng diāo shì fú diāo　qīng sǎo mù shì de ne　wǒ men zhì jīn
工具进行雕饰浮雕、清扫墓室的呢？我们至今

shàng wèi zhǎo dào dá àn
尚未找到答案。

shén qí de shù jù qiǎo hé
神奇的数据巧合

gè shù zì suǒ xiǎn shì de jīng què děng shì shǐ kǎo gǔ xué jiā
7个数字所显示的精确等式使考古学家、

jiàn zhù xué jiā　dì lǐ xué jiā　wù lǐ xué jiā dōu mí huò bù jiě
建筑学家、地理学家、物理学家都谜惑不解。

等式一：金字塔自重 $\times 10^{15}$ ＝地球的重量

等式二：金字塔塔高 $\times$ 10亿＝地球到太阳的距离1.5亿千米

等式三：金字塔塔高平方＝塔面三角形面积

等式四：金字塔底周长：塔高＝圆围：半径

等式五：金字塔底周长 $\times 2$ ＝赤道的时分度

等式六：金字塔底周长 $\div$（塔高 $\times 2$）＝圆周率（$\pi = 3.14159$）

谁能相信，这一系列的数据，仅仅是偶然的巧合？

还有延长在底面中央的纵平分线，就是地球的子平线，这条线正好把地球的大陆和海洋平分成相等的两半；金字塔的塔基正位于地球各大陆引力中心；大金字塔的尺寸与地球北半球的大小，在比例上极其相似。因此有人推断埃及人在4000年前就已经计算出

了地球的扁率。

地球两极的轴心位置每天都有变化，但是，经过25827年的周期，它又会回到原来的位置，而金字塔的对角线之和正好是25826.6这个奇怪的数字。4500年前的古人为何能计算得如此准确呢？

万古长存的原因

随着岁月的流逝，唯有金字塔岿然傲立。其中有什么奥秘呢？把一定数量的米、沙、

碎石子，分别从上向下慢慢的倾倒，不久就会形成3个圆锥体，尽管它们质量不同，但形状却异常相似，他们的锥角都是52度。这种自然形成的角是最稳定的角，人们把它称为"自然塌落现象的极限角和稳定角"。

奇怪的是金字塔正好是51度50分9秒，说明它就是按照这种"极限角和稳定角"来建造的。由于金字塔独特的造型，迫使凌厉的风势

不得不沿着塔的斜面或棱角缓缓上升，塔的受风面由下而上，越来越小，在到达塔顶的时候，塔的受风面趋近于零，这种以逸待劳、以柔克刚的独特造型，把风的破坏力化解到最低程度。

　　磁力线的偏向作用可以使地面建筑，甚至高山崩溃，而这座金字塔塔基正好处于磁力线中心，它随着磁力线的运动而运动，随着地球的运动而运动，因此，它所承受的振幅极其微弱，地震，对它的影响也就不大了。

52度"角"，方锥体的"形"，与磁力线同步运动的"位"，是金字塔稳定之谜。但是，4500年前的古人，怎么知道52度角是稳定角？怎么知道用方锥体来化解沙漠风暴？又怎样知道把庞大的塔基奠定在磁力线中心？这仍然是一个难解之谜。

独特的美洲金字塔

非美两洲的金字塔

据科学家的考察，人类祖先在非洲生活的历史要上溯至200至300万年以前，这是地球上最古老的一块大陆，而人类进入美洲的

历史只有一至20000年时间，然而在最古老的大陆和最年轻的陆地上都矗立着许多雄伟壮丽的金字塔。

非洲金字塔主要集中在埃及尼罗河下游两岸河畔吉萨及其以南的广大地区，被称为世界七大奇观之一。它总共约有70多座，其中以吉萨大金字塔最闻名，又包括3座金字塔，而尤以第四王朝法老胡夫金字塔规模最为

壮观，气势最为磅礴。另外两座是哈夫拉金字塔和孟考拉金字塔。

美洲金字塔则密布在墨西哥和中美洲的危地马拉和洪都拉斯等国，其中以墨西哥的太阳金字塔、月亮金字塔、奇钦·伊察金字塔、乌斯玛尔金字塔、帕伦克金字塔和危地马拉的蒂卡尔金字塔、洪都拉斯的科潘金字塔最盛名天下。

多年前，巴西一飞行员又在巴西南部丛林中发现了三座金字塔。1979年美、法两国科学家在考察大西洋海底古建筑群时，意外在西半球百慕大三角海区又发现了一座金字塔。

据科学测定，这座海底金字塔规模比胡夫金字塔还宏伟，边长300米，高200米，塔尖距海面11000米，塔身有两个大洞，海水飞速穿过洞口，在海面上掀起一股汹涌澎湃的狂澜。

美洲金字塔的独特之处

这些星罗棋布在年轻大陆上的金字塔与古老非洲土地上的金字塔之间有何联系呢？它们之间有何不同呢？它们是在什么年代建造的呢？

人们对此存有不同的看法。其中一种比较普遍的观点认为，美洲金字塔是当地土著居

民在其世代生息的土地上 创造的古老文明的杰出象征，它不是外来文化的延伸，更不是外来文化的翻版。

根据科学测定和实地考察，史前美洲印第安人是在贫瘠的原始土地上开始其劳动 创造，进入人类历史社会的。勤劳的印第安人经过长期的劳动实践和社会发展，凭借其双手和聪颖的大脑创造了灿烂的、独特的美洲文明，金字塔正是这文明的一个代表。

美洲金字塔是古代印第安人的祭神活动中逐步发展起来的。古代印第安人信奉多种自然神，如太阳神、月亮神、雨神、河

神、天神等。他们登上高山之巅进行祭奠活动，以示更靠近神灵，而生活在平原、河谷地带的印第安人则在平地建起土丘，在土丘顶端筑起庙宇，以祭祀用。

随着筑坛祭神活动的盛行和发展，神坛的规模也越来越大，逐渐建成为金字塔形，而且建筑艺术也越来越精巧。整个金字塔集

中反映出不同时代和地区的古印第安人的政治、经济、文化，并代表了不同时期印第安文化的特点与风貌，与埃及金字塔无共同之处，同时也反映出金字塔是美洲古代印第安人社会的神权中心。

因此，埃及金字塔是空心的，而美洲金字塔是实心台基。此外两者外形上也有差异，一个是四棱锥形，塔身仅一面有入口处，直通墓穴，而另一个是四棱台形，塔身分成若干截，正面有台阶。

非美两洲的金字塔的共性

但是，被称为"铭记的神庙"的帕伦克金字塔却是一座埋葬帕伦克统治者巴卡尔的墓穴，墓穴结构及其墓葬品反映了美洲金字塔和非洲金字塔的共性。

墨西哥的死亡金字塔
（mò xī gē de sǐ wáng jīn zì tǎ）

特奥蒂瓦坎古城
（tè ào dì wǎ kǎn gǔ chéng）

墨西哥"众神之城"里的死亡金字塔：特奥蒂瓦坎古城，是印第安文明的重要遗址，位于墨西哥首都墨西哥城北约40千米处，是1世纪至7世纪建造的圣城，有着"众

神之城"的美称。古城遗址长65000米，宽32.5万米，面积21平方千米，估计曾有居民20万，相当于同期欧洲罗马城的规模，是古代西半球乃至全世界最大城市之一。

目前除了已经修复的金字塔和神庙外，只能看到街道轮廓线和莽莽灌木丛淹没的无数土墩，依稀可以窥见昔日的繁华都城的盛景。古城中轴南北干线称"黄泉大道"或"死亡大街"，宽55米，长25000米。全城

zhǔ yào jiàn zhù qún dōu bù zhì zài dà dào liǎng páng　huáng quán dà dào shì

主要建筑群都布置在大道两旁。黄泉大道是

nián nán jìn de ā zī tè kè rén qǐ de míng zì　jù shuō dāng

1325年南进的阿兹特克人起的名字。据说当

shí dà jūn lù jīng zhè li　kàn jiàn dà dào liǎng páng yǒu lián mián bù jué de

时大军路经这里，看见大道两旁有连绵不绝的

léng zhuī xíng gāo tái　yí wéi fén mù　gù chēng cǐ míng

棱锥形高台，疑为坟墓，故称此名。

tài yáng jīn zì tǎ yǔ yuè liang jīn zì tǎ

太阳金字塔与月亮金字塔

zài　huáng quán dà dào　dōng nán　yì lì zhe　nián qián

在"黄泉大道"东南，屹立着1910年前

hòu xiū fù de tài yáng jīn zì tǎ　sì fāng zhuī tǐ　fēn céng zhú

后修复的太阳金字塔，四方锥体，分5层，逐

céng xié suō　zǒng gāo　　mǐ　dǐ biān gè cháng　　mǐ hé
层斜缩，总高645米。底边各长222米和225

mǐ　zhàn dì　　　　píng fāng mǐ　yǒu　　gè zú qiú chǎng nà me
米，占地50000平方米，有65个足球场那么

dà　lüè xiǎo yú āi jí jīn zì tǎ　zhèng miàn yǒu tái jiē tōng dào tǎ
大，略小于埃及金字塔。正面有台阶通到塔

dǐng　shàng miàn shì píng tái　céng jiàn yǒu jīn bì huī huáng de shén miào
顶，上面是平台，曾建有金碧辉煌的神庙，

nèi gōng huáng jīn zhuāng shì de tài yáng shén xiàng
内供黄金装饰的太阳神像。

rú jīn tǎ dǐng guāng tū tū yí piàn　yīn shén miào mú yàng nán yǐ
如今塔顶光秃秃一片，因神庙模样难以

kǎo zhèng　zhì jīn wèi néng fù jiàn　qí tā sān miàn dǒu qiào píng huá
考证，至今未能复建。其他三面陡峭平滑，

nán yǐ pān dēng　tǎ shēn hái chuān chā zhuāng shì zhe yòng zhuó mó guāng liàng de
难以攀登。塔身还穿插装饰着用琢磨光亮的

sù sè　cǎi sè huò fú diāo huǒ shān yán shí pū xiāng de tú àn　tǎ wéi
素色、彩色或浮雕火山岩石铺镶的图案。塔为

实心，以沙土充填，外以巨石封裹，与埃及金字塔的空心陵墓有所不同。

月亮神的月亮金字塔规模稍小，距太阳金字塔1000米。塔基长150米，宽120米，占地18万平方米，也比两个足球场大，它高43米，也是5层，建筑艺术比太阳塔更为精巧。两塔之间有可容约数万人的大广场，由此可见当年祭祀场面之大。根据推测，太阳塔、月亮塔的建造年代为公元1世纪，建筑周期至少50年。

特奥蒂瓦坎古城的消亡

据史料记载，特奥蒂瓦坎古城居民最早出现在公元前800年，至450年，该城全盛时期人口多达20万人。古城逐渐成为宗教、政治、经贸和社会文化的中心。当时的特奥蒂瓦坎城是世界大都市之一。

直至8世纪初，这座古城突然被废弃成为废墟，居民也随之消失。对于特奥蒂瓦坎古城从昌盛走向消亡的原因众说纷纭。一种说法是由于托尔特克人入侵、焚毁所致，居民因此向南迁徙，直至危地马拉的广大地区；另一种说法是因瘟疫流行，居民向北迁移并创造了图拉文化。

最新的研究发现

由墨西哥国家人类学暨历史研究院的鲁文·卡夫雷拉·卡斯特罗和日本爱知县立大学的杉山三郎率领的考古队，在月亮金字塔挖掘出一批既丰富又可怕的墓葬。

他们挖掘信道，深入这座43米高的石造建筑，找到了5个墓葬遗址。挖出大部分泥土和残砾之后，每个墓葬遗址都用钢梁加固，以策安全。

可能是双手反绑的战俘或奴隶遭到活埋，他的周围绕着代表神力和武力的动物，有几只美洲狮、一只狼、几只老鹰、一只隼、一只猫头鹰和几条响尾蛇，有些动物是关在笼子里活埋的。随后的每座墓葬虽然各不相同，但是目的都是相同的，杉山说："为了控制人民、让他们乖乖听统治者的话，人祭非常重要。"

扑朔迷离的亚历山大墓

神秘人物亚历山大大帝

古代亚历山大帝国的伟大统帅亚历山大大帝，是古代马其顿国王菲烈特二世的儿子。他于公元前336年即位后，便率兵大举侵略东方。

在短短的10余年里，东征西伐便把东起印度河、西至尼罗河与巴尔干半岛的广阔的土地划归为自己的版图。

在战场上亚历山大大帝曾是一位赫赫有名的英雄，但同时在生活上他又是一位神秘人物。

有关他的传说很多很多。但遗憾的是在他生前的一些历史记载中却没有留传下来多少，而后来的一些传抄本多为民间口传，与一些史籍中的记载又矛盾重重，而且带有极浓重的传奇色彩。

因此，就是在他死后2300多年的今天，

这位古代伟大统帅的业绩仍令人们十分关注。

但对于他生前的一切，由于历史的久远，人们无法得到更多，所以一些考古及历史学家都把希望寄托在对这位大帝的陵墓的发掘上。

可是人们到现在也没有发现这位不可一世的帝王陵墓，以求从出土文物中获得一些有价值的证据的人们，到如今仍然只是等待。

1964年的一天，埃及亚历山大市的报纸

发表了一则耸人听闻的消息："马其顿国王亚历山大的陵墓找到了！这是波兰考古学家们的巨大成就！"

消息很快传遍了全世界。美国《纽约时报》立刻给波兰考古队发了一封电报，希望就这一伟大的发现写篇文章，并给予优厚的稿酬。

各国记者也争先恐后地飞抵埃及。同时，大批旅游者的涌进使得埃及警方十分地紧张。可惜，好像是历史与人们开了一个玩笑，这消息竟然是假的。

原来发现的并不是亚历山大的陵墓，而是古罗马时期的一座剧院的遗址，是波兰考古

专家出的差错，把人们引向了歧途。那么这位著名的历史人物的陵墓究竟在哪里呢？他又是怎么死的？这一谜团仍没有找到答案。

亚历山大的死因传说

关于亚历山大的死因在当地历来有两种传说。一是说他远征印度时在距离巴比伦不远的地方，迎面碰上了一些精通天文和占卜的祭司，他们劝告他不要去巴比伦，否则凶多

吉少。

虽然，他没有停止前进，但此后他人却变了一个模样，心情阴郁表情冷漠。

有一次，他驾驶着战舰在湖泊上游时。突然刮来一阵风，把他的帽子吹走，掉在芦苇丛中，正好落在古亚棕国王的墓上。

这一现象使亚历山大本人以及所有的人都认为是很不吉利的。

再加止去追赶帽子的水手，在泅水回来时，竟大胆地把它戴在自己头上，这就更加强了不祥之感。

亚历山大恼怒了，当即把这个水手杀了。

不久，亚历山大身患重病。13天后，终于在公元前323年6月，32岁的亚历山大，当了20个月的国王，便在一个傍晚逝世。

对于大帝的死，有人说这是一种巧合罢

了。因为大帝的死很可能是由于行军路上的艰辛，加之经过多次作战，弄得遍体伤痕，在沼泽地里又感染上了疟疾等原因造成的。

另一个传说是：亚历山大之死是因为在宴会上有人往他的酒杯里下了毒药。

如果这个传说是真的，那么亚历山大就不是自然死亡，而是死于阴谋。

探寻亚历山大帝的陵墓

亚历山大大大帝是古代马其顿国王，亚历山大帝国皇帝。世界古代史上著名的军事家和政治家。他在横跨欧、亚的辽阔土地上，建立起了一个西起希腊、马其顿，东到印度河流域的以巴比伦为首都的庞大帝国。创下了前无古人的辉煌业绩。

然而，越是名声显赫的历史名人，其墓藏越是难以寻找，这简直成了一条令考古学家头痛的神秘规律。作为当年叱咤风云、不可一世的历史人物，有关亚历山大大大帝的陵墓墓地究竟在何处，始终是考古学家们迫切希望破解的谜团。

据考证，公元前323年，亚历山大在巴比伦逝世后，他的朋友和部队将领之一托勒密用灵车把他的遗体运往埃及，最后安葬在他亲手

101

规划的亚历山大城，并建立起一座富丽堂皇的陵墓。后来罗马人占领亚历山大城时，凯撒大帝曾经拜谒过亚历山大陵墓，并决心建立像这位英雄那样的伟大业绩。

可是在此以后，关于亚历山大陵墓之事就变得无声无息了。

1798年，拿破仑军队占领这里时还可以见到不少古代废墟。到了19世纪初，这里修建

了海港，经济有了发展，使亚历山大城很快就变成了地中海一带极其重要的贸易中心。

如今考古学家们来到了这座古城的废墟上，开始了对亚历山大陵墓的寻找和挖掘工作。然而令人奇怪的是，就在这一片古代废墟上，人们历经多年的努力却始终找不到神秘的亚历山大陵墓，这不能不说是个谜。

地下墓室的神秘宝藏

首次发现墓室里的宝藏

在法国境内有36000座城堡，这些美丽的城堡都有着好几百年的历史，大都是法国中世纪传统建筑。几百年来，每一座城堡的背

后都隐藏着一段鲜为人知的秘密。雷恩堡宝藏就是在一个非常古老的城堡发生的。

帕里斯是个老实巴交的大男孩,一天,他来到雷恩堡附近的一片山丘上放羊,帕里斯因为睡着了而把一只老山羊丢了。于是他赶紧四处寻找。在不远的山坡下,他看见下面有个大裂缝,便疑惑地走了下去。地道里很幽暗,只能接着外面的一点光亮。他突然看到里面到处都是骷髅。经过仔细辨认,他才发现原来里面并不都是骷髅,而是几个已分辨不出是什么颜色的大箱子。他大胆地掀开了箱子,发现原来里面全是金币。

帕里斯将金币装满了自己的口袋,转身就往家里跑。于是一夜之间彻底改变了他和他父母的家庭状况。但是很快招来了雷恩堡人的议论纷纷,甚至有人到地方官员那里去告发

了他。由于帕里斯始终没有透露这些金币的真正来历，结果竟以莫须有的盗窃罪冤死于狱中。但是，这个倔强的孩子到死也没有说出来那个地下墓穴的秘密。

众人推测金币的隐藏者

那个地下墓穴到底有多少金币？经过后人的考证，那是一笔多达1850万金币，1914年相当于180亿法郎的宝藏。这么大的一座"金山"，它们到底是谁的呢？在法国人近百年的众说纷纭中，大致有三种说法比较集中。

有的历史学家们认为，这笔巨宝是1250年法国摄政王后布朗施·德·卡斯蒂耶隐藏的，它们至少已有700多年的历史。王后为什么要把这笔宝藏藏在雷恩堡呢？有人推测，1250年2月，由于不堪贵族主的压榨和国王赋税的负担，由牧羊人、农奴和城市贫民为主

的一场武装暴动曾一度席卷了法国的北部和中部。为了躲避暴动的冲击，卡斯蒂耶王后带人来到了雷恩堡。摄政王后决定把雷恩堡作为临时的"道府"，把这笔国库巨宝隐藏在当年称之为"城堡主塔"底下的一个秘密处，以作为她需要时的储备金。摄政王后死于1252年，临终前她把这桩秘密告诉了她的儿子路易九世。她的儿子即后来的法国国王路

易九世或称圣路易。

1270年7月初，路易九世率军在突尼斯登陆，起初连连获胜占领了迦太基。此后其军队遭瘟疫袭击，他本人也被鼠疫夺去了性命。临终前，他把这个秘密连同一卷羊皮纸一起告诉了他的继承人。随后腓力三世十分警惕地守卫着这笔巨宝，他除了保留着那卷植物羊皮纸之外，还把知情者秘密处死。然而，

还没等他来得及实现自己的愿望，就在斯奥米加斯战役以后的回国途中突然死于热病。也有人认为，这笔巨宝

不一定就是圣路易国王的母亲所隐藏，而可能是法国古代一个叫阿拉里克国王的财宝。阿拉里克国王的首都当年也设在雷恩堡，据说这个国王骁勇善战，从征战中夺取了不少财宝。但这一说法缺乏证据，因为这个墓穴是按照卡斯蒂耶的羊皮纸上的铭文找到的，金币铸造的时间是1250年以前，而不是古代的货币。还有人认为，这也许是中世纪法国的

109

异端教派纯洁派的财宝，因为雷恩堡曾经是纯洁派的主要据点之一。据历史记载，该派教徒生活很俭朴，却积累了不少财宝，并常常把财宝埋藏起来以做应急之用。这笔宝藏，可能就是"纯洁派"积累和隐藏起来的应急财富。

但后来由于某种不为人知的原因，知道底细的财宝守护者失去了传承，遂使宝藏失落在历史的长河之中。从此，这笔巨宝的真正下

落就成了历史谜案。200多年的岁月抹去了帕里斯和这笔财宝所有的痕迹。雷恩堡似乎什么事情都没有发生过。

宝藏再次被发现

1892年，一个极偶然的机会，又使雷恩堡教堂神甫贝朗热·索尼埃跨入了神秘的地下古墓，从而使雷恩堡引起全法国关注的目光。贝朗热·索尼埃于1885年被任命为雷恩堡教堂神甫。此人十分虔诚，乐善好施，不久便赢得了当地人的尊敬。也得到了年轻美丽的玛丽·德纳多的芳心。

1892年，神甫得到了一笔2400法郎的市政贷款，用以修缮他的教堂和正祭台。神甫在修缮教堂的屋顶时得到一卷陈旧的植物羊皮纸，纸上写着一些带拉丁文的古法文。经过努力神甫终于领悟到，仿羊皮纸上写的是有

关法国女王隐藏的一笔1850万金币巨宝的秘密。索尼埃在返回雷恩堡后首先在教堂寻找，但是并没有发现任何痕迹。后来漂亮的玛丽在公墓中看到从奥特布尔·白朗施福尔伯爵夫人墓上掉下的一块墓志，上面还刻着一些奇特的铭文，而且这些铭文竟与羊皮纸上的文字极为一致。难道宝藏就藏在那座古墓底下？

神甫在玛丽的协助下，他们终于从伯爵夫人的墓志铭中得到启示，在一个被称之为"城堡"的墓地底下发现了一条地道。他们穿过地道，终于走进了一座神秘的地下墓穴，发现了里面的金币、首饰以及其他贵重物品。于是神甫和玛丽从地下墓室中取出不少金币和首饰，之后封闭了墓穴。到了1893年，索尼埃神甫已经成了腰缠数十万贯的富翁。神甫这种突如其来的巨变，令所有人瞠

目结舌，很快引来人们的各种猜疑。最后，法庭宣布停止索尼埃的神甫任职。

1917年1月5日，索尼埃神甫被肝硬化夺走了生命。1953年1月18日，玛丽突然病倒，然后带着她心中的藏宝秘密离开了世界。当这两条线索都再次被人消除之后，后来者又靠什么去寻找呢？

古墓里的长明灯

古墓中的长明灯

古墓往往与世隔绝，这样才能使宝物历经千年还保存得相当完好。但是世界各地都有盗墓者，他们千方百计到古墓中去偷窃埋藏了千百年的金银珠宝。在这些终年不见天日的古墓中，盗墓者有时却惊恐地发现，在一些古墓的拱顶上，一盏明灯投射着幽幽的光芒。

527年，叙利亚正处于东罗马帝国的统治下，当时在叙利亚境内的东罗马士兵曾在一个

gǔ mù lǐ de bì kān lǐ fā xiàn yì zhǎn liàng zhe de dēng   zhè zhǎn dēng bèi

古墓里的壁龛里发现一盏亮着的灯。这盏灯被

jīng qiǎo de zhào zi zhào zhe   zhào zi sì hū shì yòng lái dǎng fēng de

精巧的罩子罩着，罩子似乎是用来挡风的。

gēn jù dāng shí fā xiàn de míng wén dé zhī   zhè zhǎn dēng shì zài

根据当时发现的铭文得知，这盏灯是在

gōng yuán   nián bèi diǎn liàng de   shì bīng men fā xiàn tā shí   zhè zhǎn

公元27年被点亮的。士兵们发现它时，这盏

dēng yǐ jīng chí xù rán shāo le   nián   lìng rén gǎn dào kě xī de

灯已经持续燃烧了500年。令人感到可惜的

shì   zhè xiē shì bīng hěn kuài huǐ huài le tā   yú shì zhè zhǎn shén mì de

是，这些士兵很快毁坏了它，于是这盏神秘的

dēng de yuán lǐ yě jiù wú fǎ yán jiū

灯的原理也就无法研究。

yí wèi xī là lì shǐ xué jiā céng jì lù le zài āi jí tài yáng shén

一位希腊历史学家曾记录了在埃及太阳神

庙门上燃烧着的一盏灯。这盏灯不用任何燃料，亮了几个世纪，无论刮风下雨，它都不会熄灭。据罗马神学家圣·奥古斯丁描述，埃及维纳斯神庙也有一盏类似的灯，也是风吹不熄，雨浇不灭。

1400年，人们发现古罗马国王之子派勒斯的坟墓里也点燃着这样一盏灯，这盏灯已经持续燃烧了2000多年。风和水都对它无可奈何，可是一旦抽走灯碗里那奇怪的液体，这盏灯便熄灭了。难道这就是神话中的阿拉丁神灯吗？

1534年，英国国王亨利八世的军队冲进

了英国教堂，解散了宗教团体，挖掘和抢劫了许多坟墓。他们在约克郡挖掘罗马皇帝康斯坦丁之父的坟墓时，发现了一盏还在燃烧的灯，康斯坦丁之父死于300年，这意味着这盏灯燃烧了1200年！

1540年，罗马教皇保罗三世在罗马的亚壁古道旁边的坟墓里发现了一盏燃烧的灯。

这个坟墓据说是古罗马政治家西塞罗女儿之墓，西塞罗的女儿死于公元前44年。由此推算，这盏灯已经在这个封闭的拱形坟墓里燃烧了1584年。

这些长明灯只不过是全世界所有发现

人类奥秘探索小窗口
renlei aomi tansuo xiaochuangkou

中的几例。考古记录显示，这种古庙灯光或古墓灯光的现象在世界各地都有发现，例如印度、中国、埃及等许多拥有古老文明的国家和地区，就连意大利、英国、爱尔兰和法国等地也出现过。

在中国曾有过关于长明灯的记载。史记中记载在秦始皇陵墓中就安置有长明灯。中国人有视死如视生的传统，人死后的陵墓也对应称作阴宅，君王尤其重视陵墓，作为

死后的居所，他们也希望像他们生前的宫殿一样灯火辉煌，因此也就有了长明灯。

一种长明灯是双层结构，里面的一个容器内装灯油，灯芯用醋炮制，外层装水，用以冷却灯

油。这是个伟大的发明，因为油灯消耗的油主要不是点燃了，而是受热挥发，醋泡过的灯芯能保持低温，油坛外面的水也可以有效阻止油温上升，但是长明终究是理想中的愿望。

考古学家在发掘北京定陵时发现，陵墓

正殿有一口青瓷大缸，内盛蜡质灯油，还有一个灯芯。也许这就是长明灯，但是因为密闭的陵墓中缺少燃烧所需要的空气，所以这盏灯在陵墓封闭后不长时间就熄灭了。

被毁坏的长明灯

为什么如此神奇的长明灯没有保留到今天？是古代人对所发现的长明灯不够重视吗？其实古代人的确保存过这些神灯，但是很

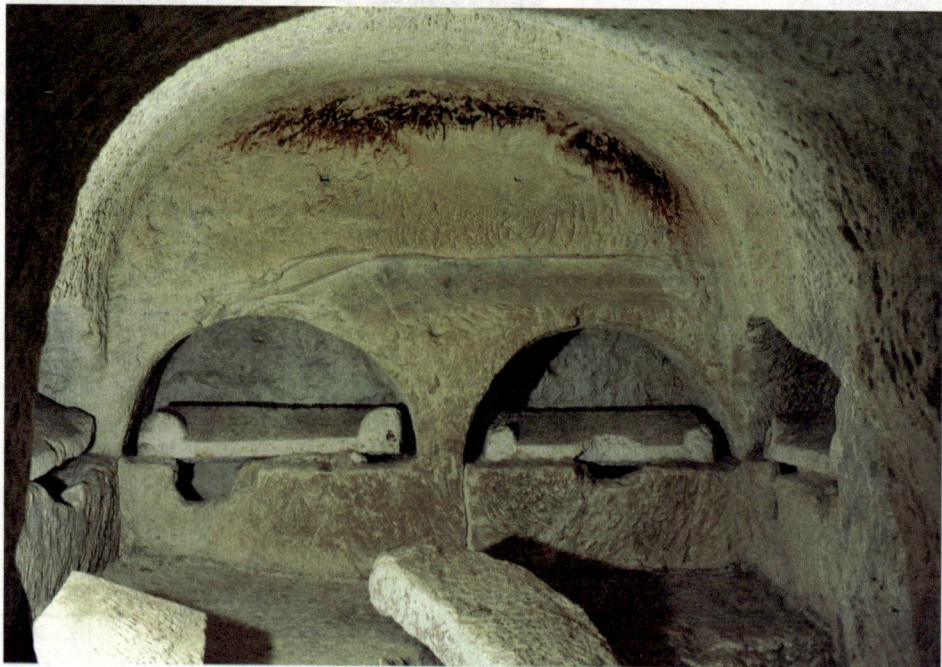

奇怪的是，这些灯一旦现身，就会以某种方式很快被毁坏掉，例如被野蛮的掠夺者和挖掘者毁坏。难道古人在利用某种魔咒来保守他们的技术秘密？

17世纪中期，在法国的格勒诺布尔，一位名叫杜·普瑞兹的瑞士士兵偶然发现了一个古墓的入口。当这个年轻人费尽九牛二虎之力进入古墓后，他并没有发现任何他想要的金银珠宝。

不过，让他更惊讶的是在这与世隔绝的坟墓中，竟然还有一盏正在燃烧的装在玻璃罩中的灯。惊异之余，他把这盏神秘的灯送给了修道院，修道院里的僧侣们同样目瞪口呆，这盏灯至少已经燃烧了千年。他们像宝一样保存着它，可惜的是，几个月后一位老僧侣不小心摔碎了它。

另一件趣事发生在英格兰，一个神秘的不同寻常的坟墓被打开了，打开这个坟墓的人发现，在坟墓拱顶上悬挂着一盏灯，照亮了整个坟墓。当这个人往前走时，地板的一部分随着他的走动在颤动。突然，一个身着盔甲，原本固定的雕像开始移动了，举着手中的某种武器，移动到灯附近，伸出手中的武器击毁了这盏灯。这个宝贵的灯就这样被毁坏了。

长明灯的存在之谜

古人的目的一次又一次地达到了：灯的奥秘被严密地保守着，再也没有后人知道。这

种不寻常的灯代表着远古的高科技吗？我们的祖先如何发明出这些永不熄灭的灯？

不熄之火最早出现在各种神话故事中。据说这种不熄的火光是天宫之火，是普罗米修斯把它偷偷带给了人类。总之，人类由于机缘凑巧，知道了这个秘密。也许是某位先哲把它传给了人类，就像神农氏教会了人类种植农作物，有巢氏教会了人类建造住所。

根据古埃及、希腊和罗马等地的风俗，死亡的人也需要灯光驱逐黑暗，照亮道路。因此，在坟墓被密封前，习惯于放一盏灯在里面。而富贵荣华之家就要奢侈一些，放上一盏不熄的灯，永远为死者照亮。

制造不熄的灯，古人是否轻车熟路？其实并非如此，一般平民的墓穴里都没有这种灯。不过，并不富贵奢华的古代炼金术士的墓穴里也会出现这种灯。

1610年，一位叫洛斯克鲁兹的炼金术士的坟墓在

他死后120年被挖掘开，人们发现里面也亮着这样一盏不熄的灯。于是人们怀疑古时的炼金术士和铸工懂得制造这种长明灯的技术。难道不熄的灯光与金属有关？

一部分人认为，世界各国有关长明灯的记录足以让人肯定，确实存在这样一种不熄的灯，或者长久燃烧的灯，只是技术失传，我们现在的人理解不了。

另一部分人则认为，虽然有那么多有关长明灯的记录，但现实中并没有一盏长明灯摆在众目睽睽之下，而且这种灯的能源问题严重违背能量守恒定律，因此这种不熄的灯应该不存在。还有许多人认为，这也许是古人在书中开的一种聪明的玩笑。

如果长明灯真的存在，那么它们的能量来源是什么？或者它们并不是永久长明的，

但千百年长久地燃烧，若是普通的煤油灯，就要耗费多少万升的煤油。难道它们的燃料是能够不断补充的？中世纪以后，许多思想家曾经试图用补充燃料的方式制造一盏长明灯，即在燃料将耗尽时，快速补充燃料。但是没有一个实验成功过。即使利用现代的燃料连续补充技术，制造一个千百年长明的灯，也不太现实。

还有一些人大胆推测，这种灯就是使用电的灯，灯碗里那看似燃料的液体可能就是用来导电的汞，所以"燃料"看起来永不见少，这种用电的灯也不会怕风吹雨打。如果神灯真的是用电能点亮，那么电能是如何产生的？难道庙宇或古墓中安装有能够发电的机器吗？要做到一劳永逸地不断供应电能，只有太阳能发电可以做到。

图书在版编目（CIP）数据

古墓的惊奇 / 信自立著. -- 长春：吉林美术出版社，2015.8（2021.7重印）
（人类奥秘探索小窗口）
ISBN 978-7-5575-0058-0

Ⅰ. ①古… Ⅱ. ①信… Ⅲ. ①墓葬（考古）－世界－儿童读物 Ⅳ. ①K868.8-49

中国版本图书馆CIP数据核字(2015)第193400号

人类奥秘探索小窗口　古墓的惊奇

出 版 人	赵国强
责任编辑	魏　冰
开　　本	710mm×1000mm　1/16
印　　张	8
字　　数	46千字
版　　次	2015年8月第1版
印　　次	2021年7月第3次印刷
印　　刷	汇昌印刷（天津有限公司）
出　　版	吉林美术出版社有限责任公司
发　　行	吉林美术出版社有限责任公司
地　　址	长春市人民大街4646号
电　　话	总编办：0431-81629572

定　　价　29.80元